THIS WEE BOOK BELONGS TAE:

....

MA WEE BOOK O' CLARTY SECRETS

By **Susan Cohen**
Illustrated by **Jane Cornwell**

Text copyright © 2019
Susan Cohen www.susancohen.co.uk

Illustration copyright © 2019
Jane Cornwell www.janecornwell.co.uk

A CIP record of this book is available from the British Library.

Paperback ISBN 978-1-9164915-6-4

The author's moral rights have been asserted. All rights reserved. No part of this publication may be reproduced, stored in a retrieval system or transmitted in any form or by any means, electronic, mechanical, photocopying, recording or otherwise, without the prior permission of the publisher.

First published in the UK in 2019 by The Wee Book Company Ltd.
www.theweebookcompany.com

Printed and bound by Bell & Bain Ltd, Glasgow.

SUSAN, THE AUTHOR'S CLARTY WEE SECRET IS THA' SHE DREAMS O' SPENDIN' SOME QWALITY TIME WI' YON BIG BRAW CHARMER TRUMP. AYE, THA'LL BE SHININ' BRIGHT.

JANE, THE ILLUSTRATOR'S CLARTY WEE SECRET IS THA' SHE SNEAKS INTAE FIELDS IN THE DEID O' NICHT AN' TRAIPSES ROOND MAKIN' CROP CIRCLES, SQUIGGLES AN' SWIRLS. NEXT AGIN DAY, SHE LUVS TAE CHUCKLE AS FOWK START CHUNTERIN' OAN ABOOT WEE GREEN GADGIES FLEEIN' ABOOT IN SAUCERS. WHEESHT! DINNAE TELL A'BODY.

SAY HULLO TAE YER WEE BOOK!

Say a big hullo tae yer new best pal, yer ain Wee Book. It'll bide by yer side an' draw yer CLARTY WEE SECRETS intae its pages, haudin' them safe awa' frae the wurld.

So, why dae we cry yer secrets 'clarty'?

Weel, it's no' thit yer ain secret thochts are maukit or mingin' (well, mebbes sumtimes, eh? Sssshh), it's mair thit a' thit stuff thit's racin' an' chasin' an' thumpin' 'roond inside yer napper is lik' thon jumble o' yer Da's kilt socks rockin' roon the tumblie dryer. They a' end up lik' wan muckle great ba' o' wool, mebbes wi' a pair o' breeks an' a stray semmit thrown intae the mix. Until it's a' straichtened oot, ye cannae mak' sense o' it!

LIGHTER
Brighter
LIGHT XXL!
Cool
Eco
Delicates

WAN'S
ORT
ETD 1856
NED BY DRINKERS
HOUT THE WORLD
McEwan
Alc 4.5% Vol

Aye, if ye dinnae watch oot, the guid stuff'll be mixed up wi' the boggin' rubbish 'til it a' becomes wan mahoosive stramash thit robs ye o' yer peace as quick as a bawheid makin' a run fur it wi' a six pack o' export an' a packet o' jammie dodgers frae the corner shop.

It's up tae YOU tae calm yer napper richt doon 'til nothin' nor naebody can rob ye o' yer peace. Peace an' calm an' happiness is a choice an' it's noo time fur ye tae mak' tha' choice.

Yer Wee Book's gaun tae help ye oan yer way.

Aye, let this book help ye. C'moan, let this Wee Book help ye sae thit yer thochts dinnae keep rattlin' an' janglin' lik' penny pieces in yer Maw's secret jam jar unner the kitchen sink.

Writin' stuff doon helps ye in a' sorts o' ways. Jist the act o' writin' keeps yer mind busy an' occupied, eh? It's impossible tae write withoot thinkin'. It's lik' huvin' mince withoot tatties, watchin' Ant withoot Dec, flyin' a kite withoot wind, huvin' a voddie withoot coke, gaun outdoors withoot lippy ... a' tha' ... nae chance!

PENNIES FOR
HAMELDAEME

As ye tak' a daunder through yer Wee Book, ye'll notice hoo it asks ye tae share yer thochts wi' it accordin' tae yer mood, whither ye're up an' stooshin' or doon an' scunnered.

Feel free tae dae exactly whit it asks o' ye, 'cos nae matter whit, yer Wee Book will nivver judge ye or roll its eyes an' tut-tut at ye – no' lik' yer Great Auntie Morag when ye gave her thon sequined unicorn onesie fur her Christmas an' no' lik' yer crabbit auld neighbour who caught ye stoatin' doon the garden path efter bein' oot oan the randan.

So, pal it's time tae reach fur a pen an' git scribblin' in this Wee Book o' yours! Thaur's nae need tae be o'er pernickety, jist let yer wurds flow free an' fast across thae pages. In nae time at a', ye'll start tae notice sumthin' happenin'.

Ye'll start tae notice thit writin' aboot the rattlin' clatterin' haivers an' mince thit nip yer napper day in, day oot will start tae dae sumthin' pure dead magic fur ye! Ye'll start tae notice thit as ye write, yer wurries an' woes will start leapin' oot o' yer heid an' ontae the page, where they'll start tae feel mair distant an' they'll start tae mak' sense. Aye, wance they tak' offski, ye'll be left feelin' clearer an' calmer.

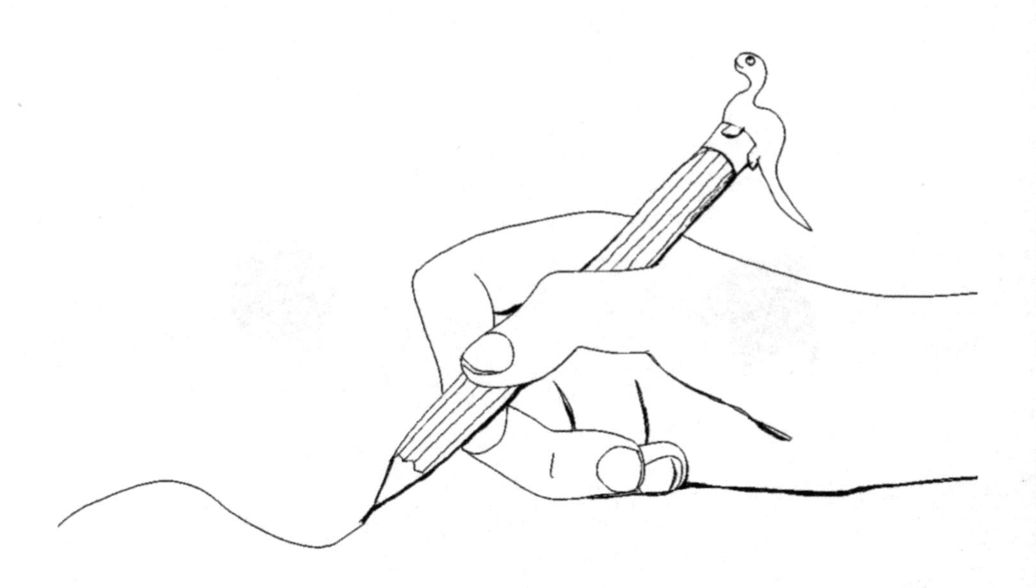

Afore lang, ye'll be in the habit o' writin' a' thon clatter doon, an' then ye'll be settin' the heather oan fire! Ye'll feel as if ye're liftin' weights auf yer shooders which huv been draggin' ye doon fur way too lang.

Aye, yon weights huv been as heavy as twa sumo wrestlers who've parked their erses doon efter scoofin' doon double decker munchie boxes sidie-wiys.

Och, in nae time at a', ye'll start tae feel lichter an' brichter, wi' a mind lik' a glass o' flat cream soda oan a window ledge in Govan – clear an' calm, wi' nae bubblin' thochts wheechin' 'roon an' roon, up an' doon.

But thit's nae a'! 'Thaur's mair?' ah hear ye cry (oh aye, ah hear ye!).

Ye'll soon start tae balance oot a' thae janglin' mingin' bampot thochts wi' yer feelin's aboot the braw stuff in yer life. Gaun yersel'! Aye, ye'll start gettin' intae the habit o' writin' aboot a' the crackin' stuff thit's dancin' roon' aboot ye, an' thit'll dae sumthin' pure dead magic fur ye tae! It'll mak' the guid stuff come alive, as if it's flashin' in neon lichts richt in front o' yer e'en – jist lik' yon muckle great sign at the bingo hall oan a twa-fur-wan-bring-yer-Granny-fur-free nicht or thon wan o'er thon braw fancy pants gallery in Edinburgh.

EVERYTHING IS GOING TO BE ALRIGHT

MACK'S
of Scotland
sea salt
MACK'S
of Scotland
scotch bonnet
potato crisps
MACK'S
of Scotland
Whisky and Haggis
ridge cut
MACK'S
of Scotland
FLAMEGRILL
ABERDEEN ANGUS
POTATO CRISPS

So, park yer erse doon an' git a' thit stuff oot o' yer napper an' ontae thae pages. Wance ye start, ye willnae want tae stop. Soon, ye'll start tae feel pure dead brilliant an' as licht an' free as an empty crisp poke floatin' doon the Clyde.

O' course the stuff oan thae pages will matter tae ye but it'll feel as if it can wait a while. Efter a', it's no' bangin' 'roond inside yer napper any mair, drivin' ye mental. Aye, it'll a' still be thaur waitin' fur ye lang efter ye've floated gently awa' an' ye've hud a chance tae huv a fly cup o' tea, a custard cream, a Tunny tea cake, a read o' the Daily Record, a cheeky wee sherry, a look up at thon bonny blue sky, a swatch o' thae fluffy white clouds ... sigh.

In nae time, ye'll be giein' yersel' a chance tae breathe life in deep an' easy, lik' ye're leapin' an' dancin' oan top o' Arthur's Seat unner a bonnie braw blue sky.

Talkin' o' breathin', thaur's nothin' lik' yer breath tae help calm ye doon. Ye know when sumwan says 'noo, tak' a deep breath, ye can dae it'? They're richt! Try countin' tae 3 as ye breathe in, an' tae 5 as ye breathe oot. Gaun gie it a go. It doesnae matter if ye're oan the bus an' fowk look at ye as if ye're glaikit. They can jist jog oan, ye willnae care. Ye'll be a' calm an' foo' o' the joys. Stoatin'!

Och, enjoy yer Wee Book, ma wee pal.

Happy writin'!

Enjoy yer happy days aheid!

Life's short. Gie it laldie, an' then sum!

YER DAY TAE DAY JOURNAL

DATE:

IF AT FURST YE DINNA SUCCEED, HAUD YER HORSES, PARK YER ERSE AN' SCRIBBLE IT A' DOON – NOO TRY, TRY, AN' TRY AGAIN!

AVSCRIBBLEDITDOONANLERRITGO!

DATE:

EEJIT THOCHTS ROBBIN' ME O' MA PEACE!

NOO B–R–E–A–T–H–E

DATE:

STUFF THIT MAKS ME WANT TAE DAE THE HEIGHLAN' FLING!

YA BEAUTAYYY!

DATE:

GIT A' THIT STUFF OOT O' YER NAPPER 'TIL YE FEEL AS LICHT AN' FREE AS AN EMPTY CRISP POKE FLOATIN' DOON THE CLYDE!

AVSCRIBBLEDITDOONANLERRITGO!

DATE:

MA NIPPY WEE HEID CLATTERS!

NOO B–R–E–A–T–H–E

DATE:

STUFF THIT PUTS A MUCKLE GREAT SMILE OAN MA COUPON!

YA BEAUTAYYY!

DATE:

SCRIBBLE IT A' DOON LIK' YER REPRESENTIN' SCOTLAND IN THE SCRIBBLIN' WURLD CHAMPIONSHIPS!

AVSCRIBBLEDITDOONANLERRITGO!

DATE:

STUFF THIT'S GETTIN' MA STRETCHY SCANTS IN A TWIST!

NOO B–R–E–A–T–H–E

DATE: ....

STUFF THIT AH LUV MAIR THAN A TUNNY TEA CAKE! ....

....

....

....

....

....

....

....

....

YA BEAUTAYYY! ....

DATE:

GET IT A' OOT O' YER HEID 'TIL YE FEEL AS FREE AS A SEAGULL WI' A BEAK FOO O' CHIPS OAN THE TROON SEAFRONT!

AVSCRIBBLEDITDOONANLERRITGO!

DATE:

STUFF THIT'S NIPPIN' MA NAPPER!

NOO B–R–E–A–T–H–E

DATE: ....

STUFF THIT AH LUV AS MUCH AS A COORIE IN OAN A WINTER'S DAY! ....

....

....

....

....

....

....

....

....

YA BEAUTAYYY! ....

NAE RAIN AN' JIST SUN MAKS A' DEID

DATE:

IF AT FURST YE DINNA SUCCEED, HAUD YER HORSES, PARK YER ERSE AN' SCRIBBLE IT A' DOON – NOO TRY, TRY, AN' TRY AGAIN!

AVSCRIBBLEDITDOONANLERRITGO!

DATE:

EEJIT THOCHTS ROBBIN' ME O' MA PEACE!

NOO B–R–E–A–T–H–E

DATE:

STUFF THIT MAKS ME WANT TAE DAE THE HEIGHLAN' FLING!

YA BEAUTAYYY!

DATE:

GIT A' THIT STUFF OOT O' YER NAPPER 'TIL YE FEEL AS LICHT AN' FREE AS AN EMPTY CRISP POKE FLOATIN' DOON THE CLYDE!

AVSCRIBBLEDITDOONANLERRITGO!

DATE:

MA NIPPY WEE HEID CLATTERS!

NOO B–R–E–A–T–H–E

DATE: ....

STUFF THIT PUTS A MUCKLE GREAT SMILE OAN MA COUPON! ....

....

....

....

....

....

....

....

....

YA BEAUTAYYY! ....

DATE:

SCRIBBLE IT A' DOON LIK' YER REPRESENTIN' SCOTLAND IN THE SCRIBBLIN' WURLD CHAMPIONSHIPS!

AVSCRIBBLEDITDOONANLERRITGO!

DATE:

STUFF THIT'S GETTIN' MA STRETCHY SCANTS IN A TWIST!

NOO B–R–E–A–T–H–E

DATE:

STUFF THIT AH LUV MAIR THAN A TUNNY TEA CAKE!

YA BEAUTAYYY!

DATE: ....

GET IT A' OOT O' YER HEID 'TIL YE FEEL AS FREE AS A SEAGULL WI' A BEAK FOO O' CHIPS OAN THE TROON SEAFRONT!

AVSCRIBBLEDITDOONANLERRITGO!

DATE:

STUFF THIT'S NIPPIN' MA NAPPER!

NOO B–R–E–A–T–H–E

DATE:

STUFF THIT AH LUV AS MUCH AS A COORIE IN OAN A WINTER'S DAY!

YA BEAUTAYYY!

RAINBOWS COME OOT O' RAINDROPS

DATE:

IF AT FURST YE DINNA SUCCEED, HAUD YER HORSES, PARK YER ERSE AN' SCRIBBLE IT A' DOON – NOO TRY, TRY, AN' TRY AGAIN!

AVSCRIBBLEDITDOONANLERRITGO!

DATE:

EEJIT THOCHTS ROBBIN' ME O' MA PEACE!

NOO B–R–E–A–T–H–E

DATE:

STUFF THIT MAKS ME WANT TAE DAE THE HEIGHLAN' FLING!

YA BEAUTAYYY!

DATE:

GIT A' THIT STUFF OOT O' YER NAPPER 'TIL YE FEEL AS LICHT AN' FREE AS AN EMPTY CRISP POKE FLOATIN' DOON THE CLYDE!

AVSCRIBBLEDITDOONANLERRITGO!

DATE:

MA NIPPY WEE HEID CLATTERS!

NOO B–R–E–A–T–H–E

DATE: ....

STUFF THIT PUTS A MUCKLE GREAT SMILE OAN MA COUPON! ....

....

....

....

....

....

....

....

....

YA BEAUTAYYY! ....

DATE:

SCRIBBLE IT A' DOON LIK' YER REPRESENTIN' SCOTLAND IN THE SCRIBBLIN' WURLD CHAMPIONSHIPS!

AVSCRIBBLEDITDOONANLERRITGO!

DATE:

STUFF THIT'S GETTIN' MA STRETCHY SCANTS IN A TWIST!

NOO B-R-E-A-T-H-E

DATE: ....

STUFF THIT AH LUV MAIR THAN A TUNNY TEA CAKE! ....

....

....

....

....

....

....

....

....

YA BEAUTAYYY! ....

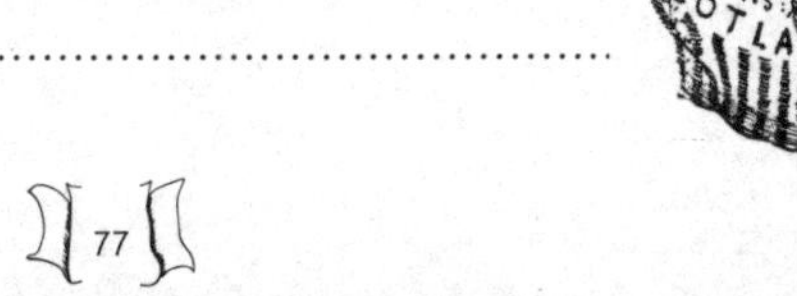

DATE:

GET IT A' OOT O' YER HEID 'TIL YE FEEL AS FREE AS A SEAGULL WI' A BEAK FOO O' CHIPS OAN THE TROON SEAFRONT!

AVSCRIBBLEDITDOONANLERRITGO!

DATE:

STUFF THIT'S NIPPIN' MA NAPPER!

NOO B–R–E–A–T–H–E

DATE: ....

STUFF THIT AH LUV AS MUCH AS A COORIE IN OAN A WINTER'S DAY!

....

....

....

....

....

....

....

....

YA BEAUTAYYY! ....

FALLIN' MEANS YER PLAYIN

DATE:

IF AT FURST YE DINNA SUCCEED, HAUD YER HORSES, PARK YER ERSE AN' SCRIBBLE IT A' DOON – NOO TRY, TRY, AN' TRY AGAIN!

AVSCRIBBLEDITDOONANLERRITGO!

DATE:

EEJIT THOCHTS ROBBIN' ME O' MA PEACE!

NOO B–R–E–A–T–H–E

DATE:

STUFF THIT MAKS ME WANT TAE DAE THE HEIGHLAN' FLING!

YA BEAUTAYYY!

DATE:

GIT A' THIT STUFF OOT O' YER NAPPER 'TIL YE FEEL AS LICHT AN' FREE AS AN EMPTY CRISP POKE FLOATIN' DOON THE CLYDE!

AVSCRIBBLEDITDOONANLERRITGO!

DATE:

MA NIPPY WEE HEID CLATTERS!

NOO B–R–E–A–T–H–E

DATE:

STUFF THIT PUTS A MUCKLE GREAT SMILE OAN MA COUPON!

YA BEAUTAYYY!

DATE:

SCRIBBLE IT A' DOON LIK' YER REPRESENTIN' SCOTLAND IN THE SCRIBBLIN' WURLD CHAMPIONSHIPS!

AVSCRIBBLEDITDOONANLERRITGO!

DATE:

STUFF THIT'S GETTIN' MA STRETCHY SCANTS IN A TWIST!

NOO B–R–E–A–T–H–E

DATE:

STUFF THIT AH LUV MAIR THAN A TUNNY TEA CAKE!

YA BEAUTAYYY!

DATE:

GET IT A' OOT O' YER HEID 'TIL YE FEEL AS FREE AS A SEAGULL WI' A BEAK FOO O' CHIPS OAN THE TROON SEAFRONT!

AVSCRIBBLEDITDOONANLERRITGO!

DATE:

STUFF THIT'S NIPPIN' MA NAPPER!

NOO B–R–E–A–T–H–E

DATE: ....

STUFF THIT AH LUV AS MUCH AS A COORIE IN OAN A WINTER'S DAY! ....

....

....

....

....

....

....

....

....

YA BEAUTAYYY! ....

WURRY BLUNTS YER BLADE

DATE:

IF AT FURST YE DINNA SUCCEED, HAUD YER HORSES, PARK YER ERSE AN' SCRIBBLE IT A' DOON – NOO TRY, TRY, AN' TRY AGAIN!

AVSCRIBBLEDITDOONANLERRITGO!

DATE:

EEJIT THOCHTS ROBBIN' ME O' MA PEACE!

NOO B-R-E-A-T-H-E

DATE:

STUFF THIT MAKS ME WANT TAE DAE THE HEIGHLAN' FLING!

YA BEAUTAYYY!

DATE: ....

GIT A' THIT STUFF OOT O' YER NAPPER 'TIL YE FEEL AS LICHT AN' FREE AS AN EMPTY CRISP POKE FLOATIN' DOON THE CLYDE!

AVSCRIBBLEDITDOONANLERRITGO!

DATE:

MA NIPPY WEE HEID CLATTERS!

NOO B–R–E–A–T–H–E

DATE:

STUFF THIT PUTS A MUCKLE GREAT SMILE OAN MA COUPON!

YA BEAUTAYYY!

DATE:

SCRIBBLE IT A' DOON LIK' YER REPRESENTIN' SCOTLAND IN THE SCRIBBLIN' WURLD CHAMPIONSHIPS!

AVSCRIBBLEDITDOONANLERRITGO!

DATE: ....

STUFF THIT'S GETTIN' MA STRETCHY SCANTS IN A TWIST! ....

....

....

....

....

....

....

....

....

NOO B–R–E–A–T–H–E ....

DATE:

STUFF THIT AH LUV MAIR THAN A TUNNY TEA CAKE!

YA BEAUTAYYY!

DATE:

GET IT A' OOT O' YER HEID 'TIL YE FEEL AS FREE AS A SEAGULL WI' A BEAK FOO O' CHIPS OAN THE TROON SEAFRONT!

AVSCRIBBLEDITDOONANLERRITGO!

DATE:

STUFF THIT'S NIPPIN' MA NAPPER!

NOO B–R–E–A–T–H–E

DATE:

STUFF THIT AH LUV AS MUCH AS A COORIE IN OAN A WINTER'S DAY!

YA BEAUTAYYY!

YER WEE VOICE

BY SUSAN COHEN

WE HUV A VOICE IN WUR OWN HEIDS
WHICH ONLY WE CAN HEAR
IT'S WI' US IVRY MINUTE
AN' IT'S GOT TAE BE SAE DEAR,
SAE DEAR THIT IT JIST LUVS US,
SAE DEAR IT THINKS WE'RE BRAW,
SAE DEAR THIT IT SHOUTS GAUN YERSEL'
WHEN WE'VE JIST GONE AN' CRAWLED
RICHT INTAE A DARK CORNER
TAE SCOOF DOON TONS O' CAKE
AN' WASH IT DOON WI' WHISKY
TAE SOOTHE WUR WEE HEARTACHES.
FUR IT'S WUR CLARTY SECRET
THIT AT TIMES WE FEEL RICHT DOON,
BUT THIT'S WHEN WUR VOICE RISES UP
TAE GRAB AN' TURN US ROON'.

IT MAKS US SEE LIFE'S NAE A' BAD,
C'MOAN, THAUR'S GUID STUFF TAE,
AN' WE SHUID CHUCK THE CLARTY STUFF
TAE LIVE ANITHER DAY.
ANITHER DAY WHEN WUR WEE VOICE
WILL MAK THE SUN SHINE BRICHT,
WI' A' ITS BONNIE CONFIDENCE
WI' A' ITS LUV AN' LICHT.
FUR THAUR'S JIST WAN THING IN THIS WURLD
WHICH CUTS THROUGH A' THE DIN
O' MODERN LIFE WI' A' ITS MINCE
WHEN JOY IS SUMTIMES HID.
YER WEE VOICE IS THIT RAY O' SUN
WHICH SHINES THROUGH OOT THE DARK,
YER WEE VOICE IS RICHT STRONG AN' TRUE
YER WEE VOICE, IT'S ... WEEL ... YOU.

A WEE BIT O' HELP WI' SUM O' THAE TRICKY SCOTS WURDS

bampot .... stupid person
bawheid .... a person who's even more stupid
boggin' .... filthy or disgusting
breeks .... trousers
clarty .... dirty
cry .... call
chuffin' .... a more gentle expletive than one which starts with 'f' and ends with 'ck'
daunder .... wander
erse .... backside
fankle .... tizz/fuss
haudin' .... holding
haivers .... nonsense
maukit .... dirty
mingin' .... even dirtier
napper .... head
oan the randan .... having a knees-up/on the razzle

pernickety .... fussy
poke .... bag
scoofin' .... eating/gorging
scunnered .... fed up
semmit .... vest
stooshin' .... excited
stramash .... noisy fuss
thochts .... thoughts
wheechin' .... whizzing

Mair frae the Wee Book Company ...

OOT NOO – GAUN GIT YER SKATES OAN!

The Wee Book o' Grannies' Sayin's
The Wee Book o' Pure Stoatin' Joy
Big Tam's Kilted Wurkoots

NO' OOT NOO, BUT OOT SOON – KEEP YER E'EN PEELED!

The Wee Cludgie Book
The Wee Book o' Winchin'
Ma Wee Book o' Gettin' Sh*te Done
Bite Ma Scone, Yer Day Tae Day Bakin' Jounal

Hop o'er tae www.theweebookcompany.com an' say hullo!